KUNTERBUNT

Fördermaterial
Lesen 3/4

Herausgegeben von
Horst Bartnitzky und
Hans-Dieter Bunk

Erarbeitet von
Hans-Dieter Bunk

Ernst Klett Verlag
Stuttgart · Leipzig

Inhalt

TV = Textverstehen	SW = Stolperwörter erkennen
LT = Lesetechnik	TS = Textstrukturen erkennen
BT = Betontes Lesen	RW = Reimwörter zuordnen

Auf der Schatzinsel

1. Lies den Text.
2. Zeichne dann auf der Karte den Weg ein, der zum Schatz führt.

Du kommst auf der Insel an. Binde dein Boot an dem Steg fest.
Biege an der ersten Kreuzung rechts ab.
Du kommst an einem Brunnen vorbei. Trinke hier nichts.
Nimm den Weg durch die beiden Palmen. Gehe weiter bis zum See.
Steige dort in das Ruderboot. Rudere über den See.
Gehe bei den drei großen Felsen an Land.
Gehe rechts an den Felsen vorbei und an der alten Hütte auch.
Bei einem Kaktus biegst du links ab.
Du gehst um den Berg herum bis zu einer Höhle.
Dort findest du die Schatzkiste.

Wer ist wer?

1. Male die Kinder aus, wie sie unten beschrieben sind. Schreibe ihren Namen in das Namensschild. Lass einen Partner oder eine Partnerin vergleichen.

Anna hat einen roten Rock.
Lisa hat einen roten Rock.
Anke hat eine rote Hose.
Lena hat eine gelbe Hose.

Anke trägt ein blaues T-Shirt.
Lena trägt ein blaues T-Shirt.
Anna trägt ein weißes T-Shirt.
Lisa trägt ein grünes T-Shirt.

Anke hat eine gelbe Mütze.
Lena hat eine blaue Mütze.
Anna hat eine gelbe Mütze.
Lisa hat eine rote Mütze.

Lisa hat rote Schuhe.
Anna hat schwarze Schuhe.
Anke hat schwarze Schuhe.
Lena hat braune Schuhe.

Lena trägt weiße Socken.
Lisa trägt gelbe Socken.
Anna trägt rote Socken.
Anke trägt blaue Socken.

Anke hält ein rotes Heft.
Lena hält ein blaues Heft.
Anna hält ein gelbes Heft.
Lisa hält ein braunes Heft.

Zahlen aus der Schule

1. Lies die Texte in den Sprechblasen.
2. Überlege, wie viel Kinder in den Klassen sind, und trage es in der Tabelle ein.

Klasse	1a	1b	2a	2b	3a	3b	4a	4b	zusammen
Schüler									

In welcher Klasse sind die meisten Kinder? ____________________

In welcher Klasse sind die wenigsten Kinder? ____________________

Die Sprechblasentexte verstehen, miteinander in Beziehung setzen und Ergebnisse in einer Tabelle notieren

Acht Rätsel

1. Lies die Rätsel. Schreibe die Lösungen in den Kasten.

Sage mir:
Wie heißt das Tier,
das immer seinen
Namen ruft.

Hängt an der Wand,
gibt allen die Hand.

Ich habe sieben Häute,
beiße alle Leute.
Ich verschone keinen,
alle müssen weinen.

Gibt das einen Sinn:
Es sind Schuhe,
doch kein Fuß ist drin.

Sage mir:
Wie heißt das Tier,
das immer mit
zwei Löffeln frisst.

Erst weiß wie Schnee,
dann grün wie Klee,
dann rot wie Blut.
Schmeckt allen Kindern gut.

Ich kenn ein buntes Haus,
ein Tier schaut dort heraus,
es nimmt bei jedem Schritt
sein Häuschen mit.

Sprachliche Rätsel lesen, darüber nachdenken, sie argumentierend lösen und die Lösung aufschreiben

Vier Krankheiten

1. Lies die Texte. Einige Zeilen sind vertauscht.
2. Nummeriere die Zeilen und lies die Texte dann noch einmal.

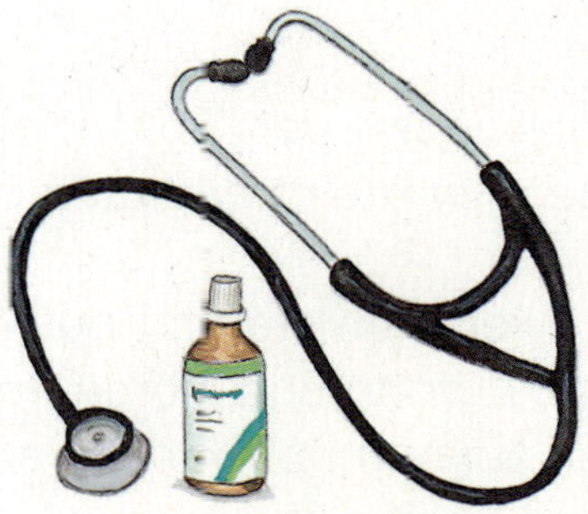

Mumps

1	Mumps wird auch
	Oft hat man Schmerzen
2	Ziegenpeter genannt.
	in der Ohrengegend.
	Das Kauen tut
	Das Fieber steigt
	weh und man hat
	keinen großen Appetit.
	meist nicht sehr hoch.

Röteln

	Röteln ähneln den
	aber meist leichter. Das
	Masern. Sie verlaufen
	Fieber steigt nicht
	so hoch. Die Rötelflecke
	sind hellrot. Während
	für das ungeborene Kind.
	einer Schwangerschaft
	sind Röteln gefährlich

Masern

	Bei Masern hat man
	treten im Gesicht und am
	zunächst Husten, Schnupfen
	und Fieber. Dann
	Nacken rote Flecken auf.
	Nach zwei bis drei Tagen
	Flecken auf dem ganzen
	sind die dunkelroten
	Körper verteilt. Der
	Husten wird stärker.

Schnupfen

	Schnupfen ist nicht
	unangenehm Die Nase
	gefährlich aber ziemlich
	juckt und oft kommen
	Kopfschmerzen dazu. Um
	kann man ein Dampfbad
	die Nase frei zu bekommen
	machen. Die Atemwege
	wenn etwas Kamille
	werden schneller frei,
	im Dampfbad ist.

Der Löwenzahn

1. Lies zuerst den Text.
2. Beantworte dann unten die Fragen.

Der Löwenzahn stammt aus Asien, ist heute aber in ganz Europa und Nordeuropa zu finden. Seinen Namen hat der Löwenzahn von seinen Blättern. Sie sind zackig und spitz wie die Zähne eines Löwen. Weil die Kühe auf der Weide ihn gerne fressen, wird er auch Kuhblume genannt. Er wächst auf Wiesen, an Wegrändern und manchmal auch mitten in der Stadt. Seine Wurzeln gehen tief in die Erde, sogar bis zu 1,50 m tief. Seine gelben Blüten sieht man von April bis Juli. Aus der Blüte wird die Pusteblume mit den bis zu 200 silbernen Schirmchen. Sie tragen unten alle ein Samenkorn. Der Wind weht sie in alle Richtungen. Aus den Samen wächst dann wieder ein neuer Löwenzahn.

Welche Farbe hat die Blüte des Löwenzahns? ____________________

Wann blüht der Löwenzahn? ______________________________

Wie lang kann die Wurzel des Löwenzahns werden? ____________________

Was wird aus der Blüte des Löwenzahns? ______________________

Wie viel Samenschirmchen kann eine Pusteblume haben? ______________

Wer sät die Schirmchen mit den Samenkörnern aus? ________________

Woher hat der Löwenzahn seinen Namen? ______________________

____

Woher stammt der Löwenzahn eigentlich? ______________________

Aus einem Sachtext Informationen entnehmen und sie bei Beantwortung von Fragen verwenden

Wetterberichte

1. Lies zuerst die Wetterberichte. Beantworte dann die Fragen unten.

Stadt Anzeiger: 17. November

Heute kann es zu ersten Schneefällen kommen. Die Temperaturen bewegen sich um 0 Grad. Daher besteht auch Gefahr der Glatteisbildung auf den Straßen. Ein leichter Wind weht kalt aus Nordost.

ARD Das Wetter: 25. September

Der Sommer scheint zurück zu sein. Die Temperaturen klettern noch einmal auf 19 Grad. Dazu weht ein lauer Wind aus südlicher Richtung. Am Himmel zeigen sich kaum Wolken.

SWR Wetterbericht: 10. Oktober

Nach den ergiebigen Regenfällen des Vortags wird sich das Wetter etwas beruhigen. Der Himmel bleibt aber bedeckt. Es kommt nur zu gelegentlichen Schauern. Bei 6 Grad weht ein starker Wind aus wechselnden Richtungen.

WDR Wettervorhersage: 4. Oktober

Autofahrer aufgepasst: In vielen Landesteilen beträgt die Sichtweise nur 50 Meter. Bis zum Mittag wird der Nebel aufsteigen. Der Himmel bleibt wolkig. Temperaturen bis zu 11 Grad in den Niederungen und bis zu 7 Grad im Bergland.

Welches war der wärmste Tag? ____________________

Welches war der kälteste Tag? ____________________

An welchem Tag wehte der Wind aus Süden? ____________________

An welchem Morgen war es nebelig? ____________________

An welchem Tag bestand Glatteisgefahr? ____________________

Welcher Wetterbericht sagt nichts über Wolken aus? ____________________

Wie warm war es, als nur ein lauer Wind wehte? ____________________

Wieviel Grad Unterschied herrschte zwischen Bergland und Niederungen

am 4. Oktober? ____________________

Frösche

1. Lies den Text.
2. Streiche dann in den Sätzen unten die falschen Wörter durch.

Im Frühjahr legen die Frösche ihre Eier ab. Dazu suchen sie sich einen Teich. Manchmal müssen sie dazu eine Straße überqueren. Dann sind sie in großer Gefahr.

Aus den Eiern schlüpfen Kaulquappen. Sie schwimmen im Teich und fressen Algen und kleinste Wasserpflanzen. Zuerst sehen sie aus wie ein Kopf mit einem Schwanz. Dann bekommen sie Hinterbeine, dann Vorderbeine. Schließlich fällt der Schwanz ab. So entsteht ein kleiner Frosch.

Am Anfang passt er auf einen Fingernagel. Er hüpft an Land. Nun ist er ein Fleischfresser. Mit seiner Zunge fängt er Insekten. Oft springt er mit seinen langen Beinen hoch und fängt eine Fliege um Flug.

Frösche fühlen sich überall wohl, wo es feucht ist. Aber es gibt immer weniger Tümpel und Teiche. Deshalb sind auch Frösche selten geworden.

Im Frühjahr / Winter legen die Frösche ihre Eier / Jungen ab.

Dazu suchen sie sich eine Wiese. / einen Teich.

Aus den Eiern schlüpfen Raupen. / Kaulquappen.

Sie fressen kleine Fische. / Wasserpflanzen.

Zuerst wachsen die Vorderbeine. / Hinterbeine.

Der kleine Frosch passt auf einen Teller. / Fingernagel.

Mit der Zunge / den Vorderbeinen fangen die Frösche Insekten.

Frösche fühlen sich wohl in der Nähe von Straßen. / Wasser.

Sportfest der Tiere

1. Lies die Verse.
2. Immer zwei Verse gehören zusammen. Verbinde sie.

Hurra, das Sportfest fängt nun an,	plärrt laut der Pelikan.
Zum Start blas ich die Tröte,	meckern die Ziegen.
Ich komm mit meinem Schatz,	grunzt das Schwein.
Wir bleiben lieber liegen, 	flötet der Spatz.
Ich ringe mit Groß und Klein,	unkt die Kröte.
Ich hoppel, spring und rase,	bellen die Hunde.
Ich werfe den Kiesel,	schreit der Esel. 
Wir laufen eine Stadionrunde,	mümmelt der Hase.
Ich laufe bis nach Wesel,	wiehern die Pferde.
Wir werdens auch schaffen,	grummelt der Biber.
Statt laufen schwimm ich lieber,	ruft das Wiesel.
Ich ruder den Kahn, 	kreischen die Affen.
Wir sind die schnellsten der Erde,	brüllt der Stier. 
Ich bin der Gewichtheber hier,	kräht der Hahn.
Ich werfe den Speer,	summen die Fliegen.
Wir werden siegen, 	zischelt die Schlange.
Ich krieche ganz lange,	piepst die Maus.
Um sechs ist das Sportfest aus,	brummt der Bär.

Knut Bieder

In einem Nonsens-Lesetext die Reime erkennen. Textvorlage zu einem Spiel, Reflektieren der „Tiersprache“

Als das Sams kam

1. Lies den Text. Du kennst die Sams-Geschichte von Paul Maar sicher so ähnlich.
2. Hier ist in jeder Zeile ein Wort zuviel. Streiche es durch.
   Du darfst aber keine Wörter umstellen.

Am ~~der~~ Montag schien der Mond.

Am Dienstag hatte Herr Taschenbier war Dienst.

Am Mittwoch war Mitte heute der Woche.

Am Donnerstag Blitz hat es gedonnert.

Am Freitag hatte Herr Taschenbier Herr frei.

Am Samstag die kam das Sams.

Ab sofort hatte Herr Taschenbier blau Ärger.

Das Sams brauchte lieb etwas zum Anziehen.

Herr Taschenbier ging über mit dem Sams in ein Kaufhaus.

Aber kein trotzdem Anzug passte dem Sams.

Alle waren hatten zu eng.

Schließlich kauften sie einen Taucheranzug gekauft.

Der das Taucheranzug dehnte sich.

Der Anzug war denn nämlich aus Gummi.

Wie auf der Flucht verließ Herr Taschenbier flüchtete das Kaufhaus.

Herr Taschenbier steckte das packte Sams in einen Rucksack.

Dann einmal fuhren sie nach Hause.

Dort wartete schon Frau Rotkohl hier.

Nun fing der Ärger begann erst richtig an.

Bücherhelden

1. Wenn du gerne liest, kennst du vielleicht auch die Figuren, die unten mit ihren Farben beschrieben sind. Schreibe ihre Namen auf.
2. Die Autorinnen und Autoren heißen Astrid Lindgren, Otfried Preußler, Ellis Kaut, Paul Maar, Angela Sommer-Bodenburg, Max Kruse, Joanne K. Rowling und Sven Nordqvist. Aber wer hat wen erfunden?

Er ist ein kleiner Kobold, der bei Meister Eder in einer Schreinerwerkstatt lebt.
Er kann sich unsichtbar machen.
Er hat einen knallroten Wuschelkopf.
Die Figur heißt:

___

Sie wurde erfunden von:

___

Er lebt unter Wasser in einem Teich, dem Mühlenweiher.
Zwischen seinen Fingern hat er Schwimmhäute.
Seine Haare sind grün.
Die Figur heißt:

___

Sie wurde erfunden von:

___

Sie lebt in der Villa Kunterbunt. Ihre Haare haben die Farbe einer Möhre. Sie trägt ein gelbes Kleid, einen schwarzen und einen geringelten Strumpf.
Die Figur heißt:

___

Sie wurde erfunden von:

___

Er hat einen großen Mund und eine Nase, die aussieht wie ein kleiner Rüssel. Das Gesicht ist hellgrün mit großen, blauen Punkten.
Herr Taschenbier ist sein Papa.
Die Figur heißt.

___

Sie wurde erfunden von:

___

Er hat ein kalkweißes Gesicht mit blutunterlaufenen Augen und zottiges Haar. Er trägt einen schwarzen Umhang. Er hat einen blutroten Mund und weiße, spitze Zähne.
Die Figur heißt:

___

Sie wurde erfunden von:

___

Es ist aus einem gesprenkelten Ei geschlüpft, das viele tausend Jahre in einem Eisberg lag.
Es hat einen Schwanz wie ein Krokodil und kleine Flügel.
Die Figur heißt:

___

Sie wurde erfunden von:

___

Er lebt bei Petterson, einem älteren Herrn, der einen Bart und eine Brille hat. Er ist ein braun-weiß gestreifter Kater, der eine grün gestreifte Hose trägt und immer neugierig ist
Die Figur heißt:

___

Sie wurde erfunden von:

___

Es ist ein Zauberlehrling, lebt in England in einem Zauber-Internat und hat viele fantastische Abenteuer zu bestehen. Seine Freundin heißt Hermine.
Die Figur heißt:

___

Sie wurde erfunden von:

___

Die Prinzessin auf der Erbse

1. Lies die Textabschnitte.
2. Nummeriere sie in der richtigen Reihenfolge.
3. Lies dann das ganze Märchen noch einmal in richtiger Reihenfolge.

	Am Abend begann ein furchtbares Unwetter. Es regnete in Strömen. Es donnerte und blitzte. Da klopfte es ans Schlosstor. Der alte König ging hin, um aufzumachen.
	Dort sollte die Prinzessin in der Nacht liegen. Am nächsten Morgen wurde sie gefragt, wie sie geschlafen hatte.
1	Es war einmal ein Prinz, der wollte eine Prinzessin heiraten. Aber es sollte eine wirkliche Prinzessin sein. Darum reiste er in der ganzen Welt herum, um eine solche zu finden. 
	Da nahm der Prinz sie zur Frau, denn nun hatte er eine wirkliche Prinzessin gefunden. Und die Erbse kam in ein Museum, wo sie noch heute zu sehen ist, wenn sie niemand gestohlen hat.
	Er fand viele Prinzessinnen, aber immer fehlte etwas oder war nicht in Ordnung. Da kam er traurig wieder nach Hause, denn er wollte doch eine wirkliche Prinzessin haben. 
	Vor dem Tor stand eine junge schöne Frau. Aber wie sah sie bei Wind und Regen aus! Das Wasser lief an ihr herab und an den Schuhen wieder heraus. Sie sagte, dass sie eine wirkliche Prinzessin sei.
	Daran konnte man sehen, dass sie wirklich eine Prinzessin war. Wer durch zwanzig Matratzen und zwanzig Decken eine Erbse spürt, der muss eine echte Prinzessin sein.
	„Die Nacht war fürchterlich!“, sagte die Prinzessin. „Ich konnte überhaupt nicht schlafen. In meinem Bett war etwas ganz Hartes. Mein Körper ist ganz blau und braun! Es war schrecklich!“
	„Das werden wir schon erfahren“, meinte die alte Königin. Sie ging in die Schlafkammer und legte ganz unten ins Bett eine Erbse. Darüber legte sie zwanzig Matratzen und zwanzig Decken. 

nach Hans Christian Andersen

Die Textabschnitte in Beziehung setzen und in der richtigen Reihenfolge zusammen setzen

Ente und Schwan

Aus den folgenden Texten erfährst du etwas über Enten und Schwäne.

1. Lies die Texte und trage die Unterschiede unten in die Tabelle ein.

Schwäne, zum Beispiel Höckerschwäne, sind Schwimmvögel, die auf allen Erdteilen zu Hause sind. Sie ernähren sich von Pflanzen, Käfern, Würmern, Muscheln und kleinen Fischen. Sie legen 6 – 8 grünlich gefleckte Eier, die etwa 105 mm groß sind. Nur die Weibchen brüten die Eier aus. Ein Schwan wird etwa 1,6 m lang und seine ausgestreckten Flügel sind 2,50 m breit. Manche Schwäne haben schöne Stimmen, die sie oft auch im Flug hören lassen. Männchen und Weibchen bleiben für das ganze Leben zusammen und gehen zärtlich miteinander um. Junge Schwäne sind zunächst grau und bekommen erst später ihr strahlendes weißes Gefieder.

Enten, zum Beispiel Stockenten, leben in Europa, Asien, Nordamerika und Nordafrika. Sie legen 6 – 10 Eier und brüten sie in etwa 24 Tagen aus. Die Eier sind um die 45 mm groß. Eine Ente wird etwa 63 cm lang und die Flügelspanne beträgt 1,00 m. Die Männchen haben besonders im Frühjahr ein buntes, metallisch schimmerndes Gefieder. Junge Enten sehen meist gelblich aus. Enten ernähren sich von Blättern, Körnern, Insekten, Würmern, Schnecken und kleinen Fischen. Enten können ausdauernde Flieger sein. In der Regel starten und landen sie auf dem Wasser. Ein Entenei ist etwa 7 – 8 cm groß. Nur die Weibchen brüten die Eier aus.

	Ente	*Schwan*
Anzahl der Eier		
Größe der Eier		
Flügelspanne		
Länge		
Farbe der Jungvögel		
Farbe		
Heimat		
Ernährung		
Wer brütet?		

Frühling oder Herbst

1. Lies den Text.
2. Sicher ist dir aufgefallen, dass es hier ein bisschen durcheinander geht. Eigentlich sind es zwei Texte. Einer handelt vom **Frühling,** der andere vom **Herbst.** Übermale die Frühlingszeilen grün und die Herbstzeilen braun.
3. Lies dann deiner Partnerin einen Text vor. Sie vergleicht dabei mit ihrem Text.

Im Oktober sinken die Temperaturen.

Das letzte Obst wird geerntet.

Im März werden die Knospen der Bäume dicker.

Im November färben sich die Blätter.

Die Knospen brechen auf und Blätter und Blüten entfalten sich.

Bienen und erste Schmetterlinge besuchen die Blüten.

Die Blätter werden rot, gelb und braun.

Schließlich fallen die Blätter ganz ab.

Die Menschen wünschen sich ein frohes Osterfest.

Wunderschön sehen die rosa Apfelblüten und weißen Kirschblüten aus.

Der Igel sucht sich unter den Blättern ein Lager für den Winterschlaf.

An den Sträuchern hängen noch bunte Beeren.

Auch in den Gärten stehen bunte Blumen.

Es blühen Tulpen, Krokusse, Hyazinthen und Osterglocken.

Die Sonne wird deutlich wärmer.

Die Zugvögel fliegen in den warmen Süden.

Oft ist es morgens und abends nebelig.

Dann müssen die Autofahrer besonders vorsichtig sein.

Die Kinder freuen such auf Halloween.

Die Zugvögel kommen zu uns zurück.

Die Menschen bereiten sich schon langsam auf die Weihnachtszeit vor.

Und wenn die Schwalben da sind, beginnt auch bald der Sommer.

Sankt Martin

1. Lies den Text und beantworte dann die Fragen unten.

Sankt Martin, dessen Fest wir am 11. November feiern, hat vor etwa 1700 Jahren als Martinus wirklich gelebt. Sulpicius, ein Freund und Begleiter Martins, hat seine Lebensgeschichte aufgeschrieben. Deshalb wissen wir heute noch so viel von ihm.

Martin wurde 316 in Ungarn geboren. Sein Vater war Hauptmann im Heer des römischen Kaisers. Es gab ein Gesetz, dass die Söhne von Soldaten auch Soldaten werden mussten. Deshalb wurde Martin 331 auch Soldat. Schon nach kurzer Dienstzeit wurde er Offizier bei den Reitern im heutigen Frankreich. In dieser Zeit genau war es 335, als er seinen Mantel mit einem Bettler geteilt hat und sich taufen ließ. 19 Jahre später verließ Martin das Heer. Er lebte längere Zeit einsam, wurde Priester und Mönch und tat viel Gutes. 371 wählten ihn die Einwohner der französischen Stadt Tours zu ihrem Bischof.

Man erzählt von Martin ähnliche Wundertaten wie vom heiligen Nikolaus. Am 8.11.397 starb Martin und wurde am 11. November in Tours begraben.

Wie alt wurde Martin? ______________________

Wann wurde Martin Bischof? ______________________

In welchem Jahr hat Martin seinen Mantel geteilt? ______________________

Mit wie viel Jahren wurde Martin Soldat? ________________________________

Feiern wir das Martinsfest an Martins Todestag? ______________________

Von wem wissen wir so viel über Martin? ______________________

Wo wurde Martin geboren? ______________________

In welcher Stadt liegt Martin begraben? ______________________

Kevin allein zu Haus

1. Lies den Text. In jeder Zeile steht ein Satz in falscher Reihenfolge.
2. Füge die Teile beim Lesen zu einem sinnvollen Satz zusammen.
3. Lies die Geschichte dann einem Partner oder einer Partnerin vor.

Kevin im Bett lag
Er nicht konnte schlafen

Der Mond hoch stand am Himmel
Er warf Schatten lange, dunkle

Der Wind durch die Bäume raste
Der Regen gegen die Scheibe heftig klatschte

Nun Mitternacht war
Kevin unter die Decke kroch

Trotzdem das Geräusch hörte er am Fenster
Da war auch noch Flüstern ein ganz leises

Draußen sein Name geflüstert wurde
Kevin stieg und aus dem Bett ging zum Fenster

Da ein kleines Gespenst sah er draußen
Es sah freundlich, aber ängstlich an Kevin

Kevin das Fenster öffnete sofort
Das kleine Gespenst gleich herein schwebte

„Danke“, es hauchte
„Ich habe eine Riesenangst immer bei diesem Wetter.“

Kevin in den Arm das kleine Gespenst nahm
Bald ein schliefen beide

Keiner mehr hatte Angst
Denn keiner nun war allein

Verwürfelte Satzteile zu einem sinnvollen Satz zusammenfügen, dabei im Lesefeld vor und zurück blicken

Buchempfehlung in 7 Schritten

1. Wenn du dein Lieblingsbuch oder das letzte Buch, das du gelesen hast, vorstellen willst, solltest du einige Punkte beachten. So vergisst du nichts Wichtiges und deine Zuhörer erfahren viel über dein Buch.

1. Zeige das Buch, über das du sprichst.

2. Nenne wichtige Informationen zu deinem Buch:

Titel (Wie heißt dein Buch?)
Autor (Wer hat das Buch geschrieben?)
Grafiker (Wer hat die Bilder gezeichnet?)
Verlag (Welche Firma hat das Buch hergestellt?)
Seitenzahl (Wie viel Seiten hat dein Buch?)
Preis (Was kostet dein Buch?)

3. Stell den Klappentext vor.

Auf den Klappen des Schutzumschlages (oder heute meistens auf der Rückseite des Buches) steht der sogenannte Klappentext. Er wirbt für das Buch und informiert in ganz kurzer Form über den Inhalt, manchmal auch über den Autor.

4. Lies deine Lieblingsstelle vor.

Das Vorlesen solltest du zu Hause üben.

5. Zeige deine Lieblingsgrafik.

Welches Bild gefällt dir am besten?

6. Begründung für deine Buchempfehlung

Sage mit eigenen Worten, warum dir das Buch so gefällt.

7. Zusatzinfo

- Du könntest eventuell noch sagen, in welcher Bücherei du das Buch gefunden hast, wann dort die Öffnungszeiten und wie lang die Ausleihfristen sind.
- Vielleicht könntest du auch noch einen kleinen Aushang mit deiner Empfehlung an die Pinnwand hängen.

Die Olympischen Spiele

1. Lies zuerst den Text. Er besteht aus zwei Abschnitten.
Finde für jeden Abschnitt eine passende Überschrift und schreibe sie darüber.
2. Beantworte dann die Fragen unten.

____

Olympia war schon vor fast 3000 Jahren ein besonderer, ein heiliger Ort für die Griechen. Sie kamen oft von weit her, trafen sich alle vier Jahre und feierten etwa eine Woche lang ein Fest. Dabei beteten sie und dankten den Göttern für Siege. Während der Treffen herrschte immer Frieden. Zu diesen Feiern gehörten für die Griechen auch sportliche Wettkämpfe. Der erste dieser olympischen Wettkämpfe soll 776 Jahre vor Christus stattgefunden haben. Die Kämpfer waren nur Männer, sie traten übrigens in der Regel nackt zum Kampf an. Damals zählte nicht die Teilnahme, sondern nur der Sieg. Wer Olympiasieger wurde, hatte davon Vorteile für das ganze Leben. Später gehörte Olympia zum Römischen Reich. Zuerst wurden die Wettkämpfe weitergeführt. Aber im Jahre 396 nach Christus hat Kaiser Theodosius die Olympischen Spiele verboten.

____

Vor über 100 Jahren hat man in Griechenland viele alte Stätten und Geräte ausgegraben. Dadurch erinnerte man sich auch an die alten Olympischen Spiele. Der Franzose Pierre de Coubertin konnte viele Menschen in Europa und der ganzen Welt dafür begeistern, die Idee der friedlichen Olympischen Spiele wieder zu beleben.
1896 fanden dann in Athen die ersten Olympischen Spiele der Neuzeit statt. Damals nahmen über 300 junge Sportler aus 13 Ländern daran teil. Heute sind es mehrere Tausend Sportler. Viele neue Sportarten kamen dazu. Und seit 1928 nehmen endlich auch Frauen an den Olympischen Spielen teil.

Seit wie viel Jahren gibt es die Olympischen Spiele der Neuzeit? ______________________

Wie lange gab es die Olympischen Spiele im alten Griechenland? ______________________

Seit wie vielen Jahren nehmen auch Frauen an Olympischen Spielen teil? ______________________

In welcher Stadt fanden die ersten Olympischen Spiele der Neuzeit statt? ______________________

Wer hat die Menschen für die neuen Olympischen Spiele begeistert? ______________________

Wo fanden die Olympischen Spiele im Altertum statt? ______________________

Denk nach! Heute sagt man zu den Olympischen Spielen oft: Teilnahme ist alles!
Was ist damit gemeint? War das immer so? Welche Meinung hast du dazu?

Genaues, sinnverstehendes und informierendes Lesen.
Kontrolle des Leseverständnisses, eigene Gedanken zum Text äußern

Die Amsel

1. Lies den Text.
2. Stimmen die Behauptungen unten? Kreuze deine Meinung in der Tabelle an.

Im Frühjahr hat das Amselmännchen ein besonders schön schwarz glänzendes Federkleid. Der Schnabel leuchtet gelb. So will es einem Amselweibchen gefallen. Wenn sich ein Amselpaar gefunden hat, beginnt es mit dem Nestbau.

In das Nest legt das Weibchen vier bis sechs Eier. Sie haben eine blaugrüne Schale mit braunen Flecken.
Das Weibchen sitzt ungefähr zwei Wochen im Nest und brütet die Eier aus. Dann schlüpfen die nackten Amseljungen aus den Eiern. Sie werden im Nest vom Weibchen gewärmt. Rasch wachsen die Federn heran.

Die Jungen bleiben etwa 14 Tage im Nest und werden von Weibchen und Männchen gefüttert. Danach verlassen die Jungen das Nest. Sie können aber noch nicht fliegen. Sie werden nun noch etwa 14 Tage am Boden gefüttert, aber nur noch vom Männchen.
Erst danach sind die Jungen flügge und selbstständig. Während der Zeit am Boden sind die jungen Amseln besonders gefährdet.

	ja	nein
1. Amselmännchen haben ein schwarz glänzendes Gefieder.		
2. Amselweibchen haben gelbe Schnäbel.		
3. Die Eier sind braun.		
4. Das Weibchen legt etwa 12 Eier.		
5. Das Ausbrüten der Eier dauert etwa einen Monat.		
6. Die Eier sind blaugrün mit braunen Flecken.		
7. Die ausgeschlüpften Amseln sind zuerst nackt.		
8. Die jungen Amseln werden 14 Tage im Nest gefüttert.		
9. Nur das Weibchen füttert die Jungen.		
10. Das Ausbrüten der Eier dauert etwa zwei Wochen.		
11. Männchen und Weibchen füttern gemeinsam die Jungen.		

Seltsume Vurse

1. Lies den Text.
2. Versuche die Unsinnverse in verschiedenen Betonungen und Stimmungen zu lesen: wütend, komisch, gelangweilt, traurig, laut, schnell, ernst, feierlich, ängstlich weinerlich, befehlend ... Du darfst dabei ruhig etwas übertreiben.

Wum oich woiße luchter
meiern im geschlünze
hüben greue muchter
nullig am verwünze.

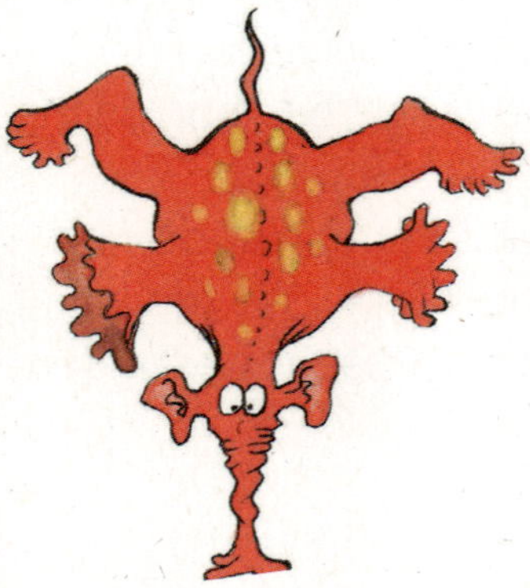

Alle makeln mürke
räkeln warme treunen
huppe wollig kürke
latte frenne keunen.

Ümmer rellen Veugel
leila, rösa, limpula
bröllen, wull der breugel
ümbra lankes pimpula.

Stotz aich, motz aich
hün mal han
hüppt oich, froit oich
dün man dan.

Knut Bieder

Alltagstexte

1. Schau dir die Textausschnitte genau an.
2. Beantworte dann unten die Fragen.

❶

upke Stefan Rosen- 40	(0 20 66) 38 03
Durach Zlatica Friedrich-Ebert- 102	0173 2 39 66 4
Duray Norbert Allensteiner Ring 48	72 46 70
Durban W. Hardenberg- 22	35 24 73
Durchleuchter Birgit u.- Thomas Fruncsberg- 37	69 51 74
Durcic Peter Brücken- 18	(0 20 56) 1 38 44
Durczak Edmund Kaiser-Friedrich- 14	40 11 45
Durczok Marie Dr. Zahnarzt Emmericher- 105	42 13 79
Durdel Wolfgang (RB) Grafschafter- 111C	(0 29 41) 82 26
Durdevic Nikola Angerthaler- 150	4 79 51 01
Durdi Mehmet Duisburger- 221	(0 10 66) 46 82 82
Durdubas Nahit Schul- 65	55 65 47
urec GmbH Recycling Werthauser- 100	4 40 66 42

❷

14.10 **Lupo Alberto (ab 5)** Trick
14.35 **Schloss Einstein (ab 8)** Serie
15.25 **Willi will's wissen (ab 6)** Reihe
15.50 **Geschenkt! – Hilf dem Weihnachtsmann (ab 6)** Gewinnspiel
16.00 **Momo (ab 6)** Momo und der Jahrmarkt der grauen Herren
16.25 **Der Wunschpunsch (ab 5)** Trick
16.50 **logo! (ab 8)** Nachrichten
17.00 **Sissi (ab 6)** In letzter Sekunde
17.25 **Mona der Vampir (ab 8)** Trick
17.50 **Flipper & Lopaka (ab 7)** Die Falle

❸

Duisburg Hbf → **Leipzig Hbf**

ab	Zug	Umsteigen	an	ab	Zug	an	Verkehrstage
11.11	ICE 547	Hannover Hbf.	13.28	13.36	IC 2059	16.17	täglich
11.51	IC 2049					17.19	täglich
12.11	ICE 849	Hannover Hbf.	14.28	14.36	IC 2049	17.19	täglich
12.15	RE 4321	Minden Westf.	14.30	14.49	IC 143	18.20	täglich
		Hannover Hbf.	15.18	15.36	IC 2131		
		Magdeburg Hbf.	16.58	17.04	IC 2239		
12.34	IC 1949					17.57	Fr
13.11	ICE 549	Hannover Hbf.	15.28	15.36	IC 2131	18.20	täglich
		Magdeburg Hbf.	16.58	17.04	IC 2239		täglich
13.13	ICE 519	F-Flugh.Fernbf.	14.51	15.01	ICE 1653	18.37	täglich
13.47	IC 2114	Dortmund Hbf.	14.21	14.28	IC 2047	19.19	Mo – Fr. So
14.04	ICE 1753					19.34	täglich

Wo wohnt Peter Durcic? ____________________

Wie lange braucht der Zug um 11.51 Uhr bis Leipzig? ____________________

Welche Sendung wird für Kinder ab 7 Jahre empfohlen? ____________________

In welchen Sendungen werden Trickfilme gezeigt? ____________________

Wer hat die Telefonnummer 72 46 70? ____________________

Wie lange dauert die Nachrichtensendung *logo!*? ____________________

Wann ist der ICE 1753 in Leipzig? ____________________

Um wie viel Uhr fährt ein Zug ab, bei dem man dreimal umsteigen muss? ____________________

Das Rap-Huhn

1. Lies den Text.
2. Der Text ist ein Rap, den man rhythmisch spricht. Versuche es mal so: Die ersten Silben sprichst du schnell. Bei der drittletzten Silbe machst du eine Pause und sprichst eine Silbe lang und betont. Mache dir hier ein farbiges Zeichen an deinen Text.
3. Die beiden letzten Zeilen jeder Strophe sind der Refrain. Markiere ihn auch farbig. Er wird vom verrückten Rap-Huhn gesprochen, natürlich trägt es eine Mütze!

Das Rap-Huhn

Hallo Leute, wir sind heute auf dem Bauernhof.
Alle Tiere sind in Ordnung, nur eins ist doof!
Denn es findet sich so lässig und so obertoll
und es quasselt allen anderen die Ohren voll.
Ja, ich rappe so toll und ich bin gut drauf
und beim Rappen hab ich immer eine Mütze auf.

Und es gammelt auf der Leiter oder im Gesträuch
und es kommt aus seinem Schnabel immer dummes Zeug.
Und die andern Tiere kriegen dieses dumpfe Gefühl:
Wo die grauen Zellen fehlen, ja da quatscht man viel.
Ja, ich rappe so toll und ich bin gut drauf
und beim Rappen hab ich immer eine Mütze auf.

Und es redet und es redet und es hört nicht auf.
Und der Bauer, der wird sauer, und er regt sich auf.
Auch die Kühe haben Mühe und sie machen Muh.
Und inzwischen halten alle sich die Ohren zu.
Ja, ich rappe so toll und ich bin gut drauf
und beim Rappen hab ich immer eine Mütze auf.

Felix Janosa